Ndabaye Ndilkodje

Les Déterminants de l'Inflation en République du Congo

Béridabaye Ndilkodje

Les Déterminants de l'Inflation en République du Congo

Éditions universitaires européennes

Impressum / Mentions légales

Bibliografische Information der Deutschen Nationalbibliothek: Die Deutsche Nationalbibliothek verzeichnet diese Publikation in der Deutschen Nationalbibliografie; detaillierte bibliografische Daten sind im Internet über http://dnb.d-nb.de abrufbar.

Information bibliographique publiée par la Deutsche Nationalbibliothek: La Deutsche Nationalbibliothek inscrit cette publication à la Deutsche Nationalbibliografie; des données bibliographiques détaillées sont disponibles sur internet à l'adresse http://dnb.d-nb.de.

Coverbild / Photo de couverture: www.ingimage.com

Verlag / Editeur:
Éditions universitaires européennes
ist ein Imprint der / est une marque déposée de
OmniScriptum GmbH & Co. KG
Heinrich-Böcking-Str. 6-8, 66121 Saarbrücken, Deutschland / Allemagne
Email: info@editions-ue.com

Herstellung: siehe letzte Seite /
Impression: voir la dernière page
ISBN: 978-3-8416-6032-9

LES DÉTERMINANTS DE L'INFLATION EN RÉPUBLIQUE DU CONGO

Par Ndilkodje Béridabaye

ndilkodje.beridabaye@gmail.com

juin 2007

« La monnaie émerveille et inquiète à la fois ; son fonctionnement mal compris en fait le bouc émissaire idéal de tous les maux et de la hausse des prix particulièrement ».

Jean François GOUX.

Sigles et abréviations

ADF : Augmented Dickey-Fuller

BAD : Banque Africaine de Développement

BEAC : Banque des États de l'Afrique Centrale

BM : Banque Mondiale

CEMAC : Communauté Économique et Monétaire de l'Afrique Centrale

FCFA : Franc de la Coopération Financière en Afrique

CGP : Commissariat Général du Plan

CNSEE : Centre National de la Statistique et des Études Économiques

DSRP : Document de la Stratégie de la Réduction de la Pauvreté

FMI : Fonds Monétaire International

IPC : Indice des Prix à la Consommation

ISSEA : Institut Sous- régional de Statistique et d'Économie Appliquée

LIPC : Logarithme de l'Indice des Prix à la Consommation

LBR : Logarithme du Brent

LM2 : Logarithme de la Masse Monétaire M2

LQ : Logarithme du PIB au prix du marché

LTE : Logarithme du Taux de Change

MCO : Moindres Carrées Ordinaires

OCDE : Organisation de Coopération et de Développement Économique

OMC : Organisation Mondiale du Commerce

PIB : Produit Intérieur Brut

PVD : Pays en Voie de Développement

RGPH : Recensement Général de la Population et de l'Habitat

SNS : Service National de la Statistique

WDI : World Development indicators

Table de matières

Résumé

Le but de cette étude est d'identifier les facteurs déterminants à court et à long terme de l'évolution de l'inflation au Congo. À travers une modélisation analytique de l'indice des prix à la consommation (IPC) et de quelques variables susceptibles d'influencer la hausse des prix se fondant sur une méthodologie combinant progressivement un test de racine unitaire, un test de cointégration et l'usage d'un modèle vectoriel à correction d'erreur, nous avons les résultats suivants :

✓ À court terme, la hausse des prix est expliquée par l'évolution des chroniques, retardées d'un an, de la masse monétaire (M2) au sens large, du taux de change du dollar américain par rapport au franc CFA et du PIB.

✓ À long terme, les fluctuations des prix au Congo sont corrélées avec l'évolution du cours de Brent sur le marché international, l'évolution du PIB nominal, la dévaluation du franc CFA de janvier 1994 et la chronique retardée des prix pratiqués sur le marché intérieur.

Ces résultats nous conduisent à conclure qu'à long terme, la hausse des prix observée au Congo n'est pas causée par une hausse de la quantité de monnaie mise en circulation contrairement aux monétaristes pour qui l'inflation est toujours et partout un phénomène monétaire.

INTRODUCTION

La stabilité des prix constitue l'objectif prioritaire de la plupart des Banques Centrales modernes. Cet objectif est, le plus souvent, un principe de la législation nationale ou sous régionale qui oblige bon nombre des Banques Centrales à garantir la stabilité des prix c'est-à-dire, assurer que le taux de variation des prix soit faible et régulier. La sous région CEMAC, comme la plupart des regroupements économiques et monétaires a adopté une directive entrée en vigueur en 2002 stipulant que le taux d'inflation en moyenne annuelle ne devra pas excéder 3 %. Ainsi, la maîtrise de l'évolution des prix devrait être l'un des objectifs auxquels les pays de la CEMAC doivent accorder une importance particulière. Mais, l'actuelle tendance inflationniste observée dans l'économie congolaise mérite une attention toute particulière.

Après avoir atteint son niveau le plus élevé de l'histoire économique du Congo en 1994 (42,37 %), l'inflation a commencé à baisser pour atteindre un niveau plus bas en 2000 (0,51 %). Elle est restée en dessous de 3 % jusqu'à la fin de l'année 2003. Mais en 2004, on a enregistré un taux d'inflation d'environ 3,68 % qui sera suivi d'une légère baisse en 2005 (2,45 %) et se relève à 4,67 % à la fin de l'année 2006. L'étude de cette évolution assez irrégulière fait l'objet de notre travail. Nous voudrions, à travers cette étude, tenter d'identifier les facteurs déterminants des fluctuations des prix observées au cours de ces dernières années. Autrement dit, nous voudrions apporter une contribution à la recherche des causes de l'inflation contemporaine. Mais, avant d'évoquer la méthode à mettre en œuvre pour la recherche de ces déterminants, il est nécessaire de définir le terme *inflation*, phénomène tout à fait particulier qui intéresse bon nombre d'économistes.

Du latin « *inflatio* », signifiant « *enflure* », l'inflation se définit comme une « *hausse du niveau général des prix, (...) est un phénomène aussi ancien probablement que la monnaie* », Guerrien (2002). Il est aussi admis que l'inflation peut se définir comme un « *accroissement généralisé, cumulatif et auto-entretenu des prix* », Goux (1998). Ainsi définie, l'inflation est un phénomène particulièrement complexe faisant intervenir des facteurs aussi insaisissables que les anticipations rationnelles des agents économiques et le cadre dans lequel ils agissent. Les économistes dits monétaristes comme Friedman (1963)[1], affirment que « *l'inflation est toujours et partout un phénomène monétaire* » dans ce sens que toute hausse de la quantité de monnaie

---

[1] Encyclopédie Wikipédia

mise en circulation est accompagnée d'une hausse des prix. Pour Keynes, l'inflation est un phénomène macroéconomique résultant de multiples interactions entre les variables du circuit économique.

Nombreuses sont les théories économiques qui ont traité les questions relatives aux causes de l'inflation. Mais en ce qui concerne notre étude, nous rappelons que l'objectif principal est la recherche des facteurs pouvant expliquer à court et à long terme l'évolution de l'inflation au Congo. À cet effet, nous tenterons d'établir une relation économétrique entre l'inflation et un certain nombre de variables explicatives sélectionnées conformément aux modèles théoriques tout en tenant compte du contexte de l'économie congolaise.

CHAPITRE 1 : APPROCHE THÉORIQUE DE L'INFLATION

La littérature sur le phénomène de l'inflation est assez abondante mais ce chapitre ne se limitera qu'à une brève présentation de l'historique de l'inflation et de ses causes théoriques traditionnelles. Aussi, il fait l'objet de la présentation de quelques outils de mesure de l'inflation.

2.1. Historique de l'inflation[2]

Le phénomène de hausse de prix est ancien et universel, mais il a été net durant le 20e siècle dans les pays industrialisés.

Au 3e siècle, l'Empire romain occidental a connu une crise grave accompagnée d'une forte hausse des prix des produits alimentaires. Cette situation a occasionné la mise en place de la première politique désinflationniste par l'empereur Dioclétien en 301. Celui-ci, par l'édit du prix maximum, décida de punir de la peine de mort quiconque augmenterait abusivement les prix.

Au début du 16e siècle, apparaît en Espagne une hausse des prix qui se propagera ensuite dans toute l'Europe. L'économiste de l'époque, Bodin, reliait cette hausse des prix à l'afflux des métaux précieux en provenance du Nouveau Monde. Il proposait là une des premières interprétations quantitativistes de la hausse des prix. La période de 17-18e siècles a été caractérisée par des fluctuations et des hausses des prix. L'épisode le plus remarquable est évidemment celui de la révolution française. L'inflation enregistrée pendant cette période en France a son origine dans l'émission des quantités excessives d'assignat, la monnaie de l'époque, pour faire face aux dépenses de la révolution.

Au 20e siècle, on peut repérer deux périodes principales de hausse des prix, à la fois proches et différentes entre elles : une première période va de la fin du siècle précédent jusqu'à la crise de 1929, et une seconde correspond à ce qu'il est convenu d'appeler les Trente Glorieuses, les années 50, 60 et 70. En effet, la période 1895-1920 est celle de la nouvelle révolution industrielle s'appuyant sur de nouvelles sources d'énergie (l'électricité et le pétrole) ainsi que les nouvelles matières premières, en particulier l'aluminium. Il s'agit de la naissance de trois grandes branches industrielles qui vont marquer l'époque : l'industrie du matériel électrique, l'industrie chimique et l'industrie automobile. D'une façon générale, il y a jusqu'à la fin des années 20 un essor remarquable de la production industrielle reposant sur un développement de

---

[2]Goux (1998)

l'investissement lourd, sur une intégration rapide du progrès technique dans l'appareil de production et sur une hausse sensible des salaires nominaux. Cette augmentation de la production s'accompagne d'une hausse des prix, la corrélation entre les fluctuations de l'activité économique et les variations des prix apparaissant avec netteté.

D'après Niveau, on peut distinguer, dans l'après-guerre deux périodes : l'une qui va du début des années 60, où l'inflation qui accompagne la croissance reste modérée, l'autre qui démarre peu avant les années 70 et se termine avec le deuxième choc pétrolier (1979), où l'inflation s'accélère alors que la croissance économique s'essouffle.

La première période de croissance et d'inflation rampante (1950-1970) est essentiellement caractérisée par la permanence de l'expansion économique et l'apparition de plusieurs crises inflationnistes que les gouvernements de l'époque ont tenté de contrôler avec les moyens traditionnels que sont : le blocage des prix, le contrôle du crédit et la compression des dépenses publiques. En France par exemple, on a relevé des taux d'inflation de 12,5 %, 21,6 % et 10 % respectivement en 1950, 1951 et 1958.

La deuxième période est celle de l'accélération de l'inflation dans les années 70. Depuis 1972, on constate une accélération de l'inflation dans la plupart des pays industriels occidentaux. La hausse des prix à la consommation est en moyenne de 4,2 % pour les neuf pays de la CEE et de 3,9 % pour les pays de l'OCDE au cours de la période 1962-1972. En 1973, la hausse des prix atteint 8,3 % pour les pays de la CEE et 7,9 % pour les pays de l'OCDE. En 1974, ces deux pourcentages s'élèvent respectueusement à 12,6 % et 13,3 % mais les taux d'inflation relatifs des USA et du Royaume-Uni se situent respectivement à 12, 2 % et 25 %. L'ouverture des frontières et la généralisation du flottement des monnaies vont, à partir de cette décennie, contribuer à une mondialisation et à une uniformisation des taux d'inflation parmi les grands pays industrialisés. Mais cette tendance inflationniste sera renversée dans la plupart de ces pays vers le milieu des années 1980. Des mesures budgétaires et des politiques monétaires audacieuses engagées au début de la décennie, combinées à la baisse brutale du prix du pétrole et des matières premières, ont permis de retrouver des taux annuels d'inflation de moins de 4 %.

Les statistiques récentes mettent en exergue une nette différence en matière d'inflation entre les pays industrialisés et les pays en développement (PVD) ou en transition. D'après le FMI (Fonds Monétaire International), en 1992, alors que le taux moyen d'inflation se situait à 3,2 % dans les pays industrialisés, il s'élevait à 35,7 % pur les PVD et 681,2 % pour les pays en transition. En 1996, ces chiffres sont redescendus respectivement à 1,9 %, 13,3 % et 41,3 %.

2.2. Causes théoriques et traditionnelles de l'inflation contemporaine

Définie comme une hausse du niveau général des prix, l'inflation est un phénomène apprécié très subjectivement par des économistes voire le grand public. Les explications de l'inflation les plus répandues sont en terme de déséquilibres réels ou monétaires de l'économie et de l'évolution des structures économiques ou socioculturelles.

2.2.1. Inflation comme déséquilibre réel

Les explications de l'inflation relatives au déséquilibre réel de l'économie peuvent être regroupées en deux grandes catégories : celles qui voient l'origine de l'inflation dans la *demande* et celles qui soutiennent qu'elle est le fait des *coûts de production*, donc de l'offre.

➢ *L'inflation par la demande*

D'après Goux, on parle de l'inflation par la demande lorsque, globalement, la demande de produits excède durablement l'offre sur les marchés. L'excès de demande peut avoir plusieurs origines : accroissement des dépenses publiques avec déficit budgétaire ; accroissement des dépenses de consommation des ménages dû à une hausse des salaires ou au développement excessif du crédit ; accroissement des dépenses d'investissement des entreprises financés par le crédit bancaire sans épargne préalable ; accroissement des revenus provenant d'un excédent de la balance des paiements. Quant à l'insuffisance de l'offre, elle peut résulter de différents facteurs : plein emploi ; absence de capitaux ; insuffisance des stocks ou inélasticité de la production ; pénuries ; blocage des importations. Face à cette situation, une hausse des prix est inévitable pour rétablir l'équilibre sur le marché des biens et services.

➢ *L'inflation par les coûts*

Selon les tenants de cette théorie, la hausse des prix serait provoquée par des hausses excessives des coûts de production. Les coûts les plus souvent mis en cause sont le prix des matières premières, les charges financières et fiscales, les salaires et charges sociales. Cette approche explique le fait que, dans certains cas, l'inflation perdure même en situation de demande défaillante, de récession ou de sous-utilisation des capacités de production. D'après cette théorie, les salaires et les charges sociales sont responsables à partir de la différence entre leur augmentation et celle de la productivité. L'impact sur l'inflation dépend de leur part dans les charges de l'entreprise et est fonction de l'excédent de leur hausse sur celle de la productivité.

Quant aux coûts des matières premières, plus particulièrement ceux des produits pétroliers, ils agissent dans le processus inflationniste par deux effets :

✓ un effet mécanique qui débute par la hausse immédiate des prix intérieurs des hydrocarbures et la propagation de ce choc s'étend à toute l'économie ;

✓ un second effet sur les prix provenant de la réaction de certains agents qui cherchent à se prémunir contre ces chocs (les producteurs effectuent une augmentation des prix supérieure à celle de l'effet mécanique).

➤ *L'inflation de croissance*

Plus généralement, en période de croissance économique, la demande de biens de consommation et de biens d'investissement est forte, les salaires et la plupart des coûts sont élevés, et le chômage est faible ; on risque donc de connaître une situation de « surchauffe économique » et de tensions inflationnistes. La théorie keynésienne, qui explique les prix par les coûts salariaux, considère que les prix sont stables ou orientés à la baisse en période de sous-emploi, mais qu'il existe des tensions inflationnistes à proximité du plein emploi. Le risque d'inflation n'existerait qu'en situation de plein emploi, se serait une conséquence de la « surchauffe économique ». L'explication keynésienne consiste finalement à considérer que l'inflation est un résultat plus moins inéluctable de la croissance économique et des hausses des salaires qu'elle engendre.

➤ *L'influence des structures économiques*

Les structures économiques ont d'une manière ou d'une autre une certaine influence sur l'inflation et cela peut s'expliquer de la manière suivante.

✓ D'après de nombreux auteurs, l'inflation est due au pouvoir de fixer les prix dont disposent les structures oligopolistiques dans certains pays. Pour les entreprises oligopoles, le prix n'est plus déterminé par la loi du marché mais une variable fixée par elles-mêmes en fonction de leurs propres critères.

✓ Les banques sont aussi indexées comme facteurs influents de la hausse des prix par les monétaristes qui voient en la monnaie la cause essentielle, sinon unique, de l'inflation. Pour ces auteurs, les banques contribuent au processus de l'inflation par le flux du pouvoir d'achat supplémentaire qu'elles injectent dans l'économie à travers les crédits accordés aux agents économiques.

✓ La troisième explication est donnée par le rôle de l'environnement international dans le processus inflationniste. La hausse du coût des produits importés peut s'analyser comme une inflation par les coûts. La hausse brutale du prix de pétrole en 1973 en est un exemple. Tout excès de demande extérieure peut également être analysé comme une inflation par la demande telle que nous l'avons présentée précédemment.

✓ La quatrième explication est donnée par l'influence des structures industrielles de production sur l'inflation. En effet, lorsque l'appareil de production est obsolète ou inadapté, il est dans l'incapacité de répondre rapidement à la demande ; la seule réponse possible est la hausse des prix. Il s'agit là d'une inflation par l'insuffisance de l'offre face à la demande.

➤ *L'influence des structures socioculturelles*

Cette théorie est soutenue par le psychologue Katona[3] d'après qui, les causes premières de l'inflation sont d'ordre psychologique en raison du rôle prépondérant des anticipations. Pour lui, les individus sont convaincus que le processus est cumulatif et sans fin (phénomène de spirale). Les prévisions sont auto réalisantes : les anticipations créent les conditions de leur réalisation et renforcent la croyance dans la poursuite de l'inflation. Les contagions mimétiques y participent également.

➤ *L'influence des structures institutionnelles*

D'après la théorie régulationniste, les institutions économiques et politiques d'un pays peuvent également être considérées comme facteurs influents de la hausse des prix à travers ce qu'elle appelle le mode de régulation. De la multitude des régulations praticables a priori, dans le cas d'une économie capitaliste, deux sont privilégiées : la régulation concurrentielle et la régulation monopolistique. Mais l'inflation actuelle s'explique uniquement en référence à ce deuxième type de régulation. En effet, dans la régulation monopolistique ou administrée, apparaissent des nouvelles formes institutionnelles: concentration financière, structure oligopolistique de l'économie, conventions collectives. D'une manière ou d'une autre, ces nouvelles structures institutionnelles entraînent des procédures particulières de formation des prix et de salaires : prix rigides, salaires nominaux déterminées par des conventions collectives, prix du monopole, impliquant un relâchement de la contrainte monétaire avec le développement du crédit.

---

[3] Cité par Goux (1998)

2.2.2. Inflation comme déséquilibre monétaire

Cette approche de l'inflation en termes de déséquilibre monétaire est celle des monétaristes dont un des principes généraux est : *l'inflation a essentiellement pour origine un taux d'expansion monétaire trop élevé par rapport au taux de croissance réel de l'économie*. Elle repose sur les hypothèses suivantes :

- ✓ l'offre de monnaie est exogène (déterminée par les autorités monétaires) ;
- ✓ la demande de monnaie est stable ;
- ✓ l'inflation est « partout et toujours un phénomène monétaire » dû à l'augmentation trop rapide de la masse monétaire (moyens de paiement mis en circulation) ;
- ✓ les agents font des anticipations adaptatives qui diminuent à long terme l'effet des politiques conjoncturelles ;
- ✓ il existe un taux de chômage naturel en dessous duquel l'économie ne peut pas descendre sans déclencher l'inflation.

Ces hypothèses sont à la base des différentes formulations de la théorie quantitative de la monnaie données par Fisher (1911)[4] et les économistes dits de l'école de Cambridge.

➢ *Équation de Fisher*

$MV = PQ$.

Selon cette équation, M représente la masse monétaire, V est la vitesse de circulation de monnaie ou le nombre moyen d'utilisations de chaque unité monétaire pour effectuer une quantité d'échanges donnée ; P le niveau général des prix et Q le volume de la production. D'après Fisher, V et Q sont constants alors toute hausse de M ne peut s'équilibrer que par une hausse de P.

➢ *Equation de l'école de Cambridge*

C'est Alfred Marshall de l'école de Cambridge qui, en 1923, a transformé la simple écriture comptable de Fisher en une fonction de demande de monnaie de la forme suivante :

$M = k\,PY$

---

[4] Encyclopédie Wikipédia

Dans cette équation, P représente le niveau général des prix, M est l'encaisse monétaire nominale, autrement dit, la trésorerie que les individus souhaitent détenir (c'est pourquoi on parle de demande), Y représente le revenu réel et le coefficient k traduit la préférence pour la liquidité des agents économiques. Cette équation fait du niveau général des prix, la résultante, pour une certaine production, de l'offre de monnaie et d'une demande de monnaie représentée par le coefficient k.

> *Le modèle de Milton Friedman*

Friedman pour qui, la monnaie doit avoir une place importante dans l'explication des phénomènes économiques, a proposé un modèle qui considère que la réallocation du portefeuille des individus ne va plus se faire simplement entre la dépense de biens et services et la monnaie, mais entre de nombreux actifs, financiers ou non.

D'après ce modèle, une hausse brutale de la quantité de monnaie va rendre excédentaires les encaisses monétaires et par conséquent, les individus vont modifier la composition de leur portefeuille financier. Ils vont par exemple acheter des titres, ce qui entraînera sans doute l'augmentation des prix et inciter d'autres agents économiques à vendre davantage. Ainsi, de proche en proche, de nombreux agents économiques seront concernés. Les actifs financiers devenant plus chers que les actifs non financiers (immobiliers, par exemple), ces derniers seront alors recherchés et leurs prix vont croître. Le marché des biens et services est touché en dernier lieu. La stimulation monétaire se transmet donc au domaine non monétaire (immobilier, puis biens et services) par l'intermédiaire du marché financier. L'inflation n'apparaît vraiment et n'est reconnue en tant que telle qu'à ce moment là.

Cette théorie a fait l'objet de plusieurs critiques portant essentiellement sur ses hypothèses de base. Nombreuses sont les études empiriques qui remettent en cause le caractère absolu de la démonstration de Friedman. D'après certains économistes, en observant la réalité, le caractère autonome de l'offre ainsi que la stabilité de la demande de monnaie sont des raisonnements très théoriques. On peut mentionner, par exemple, le fait qu'il n'est pas toujours facile d'expliquer comment la vitesse de circulation de la monnaie tend à varier et aussi, le fait que le stock de monnaie n'est pas toujours contrôlé par la banque centrale (en particulier dans une économie ouverte avec un taux de change fixe, les taux d'intérêts doivent s'établir à un niveau tel que la parité fixe de la monnaie est maintenue).

2.3. Mesure de l'inflation

L'inflation est un phénomène quantifiable dont le taux est évalué comme la variation du niveau général des prix d'une période *t-1* à une période *t*. Le plus souvent, on la mesure à l'aide de la variation de deux instruments suivants : le déflateur du PIB et l'indice des prix à la consommation (IPC).

➤ *Le déflateur du PIB*

Le déflateur du PIB est défini comme le rapport du PIB nominal au PIB réel. Il mesure les prix de tous les biens et services produits dans l'économie. En effet, le déflateur du PIB ne tient compte que des prix des biens et services produits sur le territoire national en tenant compte d'un panier de biens et services évolutifs. En d'autres termes, il tient compte d'un panier de biens et de services qui évolue au gré de la composition du PIB. Cependant, le déflateur du PIB n'est pas le meilleur instrument de mesure de l'inflation car, en fonction du volume et de l'évolution des prix des importations, il mésestime l'inflation. Toutefois, il faut noter que d'après les utilisateurs, le biais observé dans l'usage de cet instrument est habituellement faible.

➤ *L'indice des prix à la consommation (IPC)*

L'IPC est un indice synthétique qui décrit l'évolution des prix d'un panier de biens et services entre deux périodes. Le calcul de cet indice nécessite une période de base déterminée en effectuant des observations sur l'évolution des prix des biens et services pendant une période relativement longue et l'estimation des coefficients budgétaires qui rentrent dans le calcul de cet indice. L'IPC est l'instrument le plus utilisé pour mesurer l'inflation malgré le fait qu'il reste limité. En effet, dans la pratique, ne sont pris en compte dans la mesure des variations des prix que des biens de consommation et services achetés par les ménages. Ainsi, les prix des biens d'équipement tels que logement et services consommés par les entreprises ou les pouvoirs publics ne sont pas pris en compte dans le calcul de l'IPC.

La différence entre l'IPC et le déflateur du PIB réside dans le fait que :

✓   le déflateur du PIB prend en compte les prix de tous les biens et services produits dans l'économie, alors que l'IPC mesure uniquement les prix des biens et services achetés par les consommateurs ;

✓   le déflateur du PIB tient compte exclusivement du prix des biens et services produits sur le territoire national tandis que l'IPC ne fait aucune exception quant à la provenance des produits entrant dans son calcul ;

✓ l'IPC attribue des poids fixes aux prix des différents biens et services (indice de Laspeyres) alors que le déflateur du PIB utilise des pondérations évolutives.

La préférence de l'IPC dans de nombreuses études se justifie par le fait qu'il est suivi régulièrement car calculé mensuellement. Il est donc facilement disponible. Par contre le déflateur n'est souvent disponible qu'après des mois, voire une ou des années de retard, a cause des délais de production des comptes nationaux. En ce qui concerne l'étude de l'inflation au Congo, nous retiendrons l'IPC comme outil de mesure de l'inflation.

Au terme de ce chapitre, nous pouvons conclure que nombreuses sont les causes susceptibles de la naissance d'un processus inflationniste dans une économie. Mais, ne perdons pas de vue le fait que nombreux sont, aussi, les économistes qui reconnaissent que l'inflation reste un phénomène mal connu de la théorie économique, car il n'est pas facile d'évaluer les coûts engendrés à l'économie par l'inflation. Par exemple, Romer (1997) affirme que "*les coûts de l'inflation sont mal connus*" et Mankiw (2001) soutient que "*l'évaluation des coûts imposés par l'inflation n'est pas aussi simple qu'il paraît*". Il reste cependant indéniable que l'inflation engendre des coûts parmi lesquels les coûts d'usure des chaussures (allers-retours plus fréquents à la banque ou au distributeur des billets), les coûts de menu liés à la modification des prix et des salaires nominaux et la mise en place des systèmes d'indexation, les distorsions fiscales, les coûts les plus dommageables de l'inflation sont sans doute ceux dus à l'inflation non anticipée.

CHAPITRE 2 : ÉCONOMIE CONGOLAISE

Le ***Congo-Bazzaville*** ou république du Congo (par opposition au ***Congo-Kinshasa*** ou République démocratique du Congo) est un État d'Afrique équatoriale limité à l'ouest par l'océan Atlantique et le Gabon, au nord par le Cameroun et la République centrafricaine, à l'est et au sud par l'ex-Zaïre (ou République démocratique du Congo).

L'économie congolaise est dominée par le secteur pétrolier qui a fortement supplanté la foresterie, l'agriculture et l'industrie. Déjà, dans les années 80/90, et malgré une production en régulière progression, le pays subissait les revers de la crise économique mondiale et surtout la baisse du coût du baril de pétrole et du dollar. Devant cette situation, il a fallu recourir à des réformes pouvant aider le pays à faire face à ses obligations contractuelles vis-à-vis de ses créanciers extérieurs et intérieurs et renouer avec une croissance économique annuelle d'environ 4 %. Mais dans les années 1990, ce pays replongeait dans une nouvelle phase de crise accentuée par des conflits socio-politiques qui ont débouché sur un cycle de guerres. L'économie du Congo régressa fortement, avec l'anéantissement des efforts de redressements déjà entrepris.

3.1. Évolution du PIB au prix du marché

Le graphique ci-dessous illustre l'évolution du PIB au prix du marché de la République Congolaise au cours de la période 1960-2006.

Figure 1 : Évolution du PIB au prix du marché au cours de la période : 1960-2006

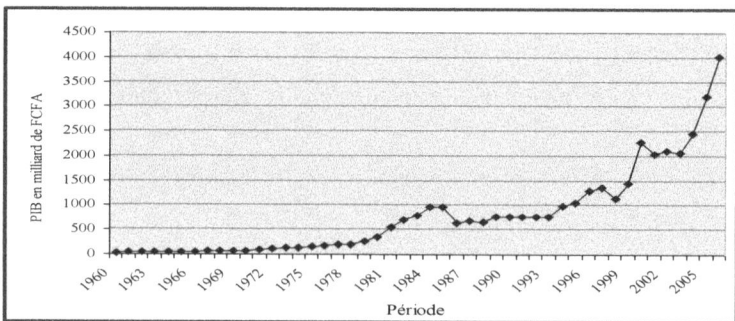

Source : WDI et CNSEE

L'observation de la figure ci-dessus met en évidence une évolution assez irrégulière de la valeur du PIB durant la période 1960-2006. Nous remarquons que la croissance est assez faible durant la période allant de 1960 à 1978. Mais à partir des années 80, apparaît une forte hausse croissante du PIB, croissance qui sera interrompue en 1986 pour ne reprendre son cours que trois ans plus tard.

En effet, au cours de la première moitié des années 80, l'économie congolaise a enregistré une légère expansion économique. Cette évolution a été rendue possible grâce au contexte favorable du marché pétrolier. L'augmentation des recettes d'exportation procurées par le secteur pétrolier et la hausse correspondante des recettes budgétaires, ont conduit les autorités à lancer un vaste programme d'investissement (plan quinquennal 1982-1986) visant à jeter les bases d'un développement économique durable, axé sur le développement des infrastructures et le renforcement du potentiel productif. Le financement de ce programme a été principalement réalisé grâce à l'accroissement des recettes budgétaires et aux emprunts dont la mobilisation a été rendue possible par la capacité d'endettement procurée par les perspectives d'importantes ressources pétrolières. De nombreux projets dans divers secteurs de l'économie ont été lancés grâce à l'accroissement de ces ressources. Le taux de croissance du PIB en termes réels a atteint en moyenne annuelle 11, 5 % sur la période 1980-1985[5].

En 1985, à la suite de la basse conjoncture du secteur pétrolier, la croissance des recettes tirées de l'activité pétrolière s'est ralentie. Il est donc apparu un déséquilibre aussi bien sur le plan budgétaire que sur les transactions avec l'extérieur. Afin de réduire ce déséquilibre économique, les autorités ont alors décidé en juin 1985, la mise en œuvre d'un programme d'ajustement structurel.

Mais, face à la baisse continue du prix du baril de pétrole qui est passé de 27,4 $ US en 1985 à moins de 12,7 $ US en 1986 conjuguée à l'effondrement du cours du dollar, les autorités ont ensuite négocié avec le FMI en 1986 un accord de confirmation assorti des mesures de stabilisation des finances publiques. Deux programmes, celui de 1986-1987 soutenu par le FMI et l'autre 1987-1988 cofinancé par la Banque Africaine de Développement (BAD) et la Caisse Centrale de Coopération Économique (CCCE), ont tenté de réduire les déséquilibres économiques.

Afin de promouvoir l'activité du secteur privé, la stimulation portait sur la création d'un environnement propice à l'initiative privée, axée principalement sur la libéralisation du commerce, l'incitation à l'investissement, la restructuration du secteur bancaire.

---

[5] Ministère de l'économie, des finances et du budget

La politique sectorielle avait donc comme principal objectif de jeter les bases d'une diversification de l'économie. Les actions envisagées ont porté sur l'agriculture, la filière bois, le secteur éducatif et le transport.

La première moitié de la décennie 90 avait connu la formulation du plan d'action économique et social (PAES, 1990-1994) qui n'a pas connu un début d'exécution à cause des vagues des revendications sociales de 1990.

La conférence nationale souveraine tenue au premier semestre de 1991 avait fait entre autres la recommandation sur la libéralisation de l'économie. Mais l'accord triennal signé par le gouvernement de l'époque avec les institutions de Bretton Woods et devant couvrir la période 1996-99, a dû être arrêté par le fait de n'avoir pas réuni les conditions de réalisation des critères de performances et respecté les conditionnalités assorties à ce programme. Ainsi la croissance de l'économie positive en 1991 et 1992 (respectivement +2,4 % et +2,6 %) a été négative en 1993 et 1994 (-0,8 % et –4,5 %) avant de se redresser en 1995 (+2,6 %) et de s'accélérer en 1996 (+6,4 %). Ces fluctuations sont dues, principalement, à la croissance de la production pétrolière (+13,2 %) dont, la contribution à la formation du PIB se situant à plus de 40 % ; la croissance des activités hors pétrole étant en dessous de 3 % en 1995 et 1996 (contre –4,4 % en 1993 et –7,2 % en 1994).

En somme, de 1992 à 1997, l'économie a connu de sérieuses difficultés parmi lesquelles :

✓ infrastructures de base en ruine faute d'entretien ;

✓ état de délabrement avancé des entreprises publiques ;

✓ dette publique explosive dont une partie gagée sur les recettes pétrolières.

En juin 1997, la guerre civile imposée par le précédent régime a détruit la quasi totalité du tissu économique et social en particulier celui de la région de Brazzaville. Les destructions ont été estimées à près de 500 milliards de FCFA pour cette région. Et, lorsque la guerre s'achève en octobre 1997, le nouveau gouvernement a mis en place un programme d'urgence de reconstruction de cent (100) jours pour restaurer l'environnement infrastructurel de base et la sécurité à Brazzaville. Afin d'améliorer l'environnement politique garantissant la relance économique, le gouvernement s'est attelé en janvier 1998 à organiser un forum national ayant permis de réconcilier les différentes sensibilités politiques du pays. En juin 1998 de la même année, un programme post conflit a été conclu avec les institutions de Bretton Woods. Mais malheureusement, l'effort d'investissement réalisé par le gouvernement à hauteur de 51,3 milliards sur fonds propres a été annihilé par la résurgence du conflit armé de décembre 1998 jusqu'au milieu de l'année 1999, retardant ainsi la poursuite des réformes et l'amorce des grands travaux de reconstruction. La croissance réelle de l'économie estimée à 3,7 % en 1998 (contre – 2,4 % en 1997) s'est établie à –3,2 % en 1999. Au cours de cette dernière année, la croissance des activités du secteur non pétrolier s'est chiffrée à –9,6 %.

Depuis la stabilisation politique en 2002, l'économie congolaise a connu un ralentissement avec un taux de croissance du PIB de 2,4 % contre 3,2 % et 8,2 % en 2001 et 2000. Cette croissance a été essentiellement tirée par le secteur non pétrolier (8,5 %) notamment la sylviculture et l'exploitation forestière (27,5 %) avec l'application des nouvelles mesures fiscales dans ce secteur. Les industries manufacturières ont aussi contribué à la croissance à hauteur de 17,0 %. Les résultats du secteur pétrolier ont contribué à peser sur la croissance (-1,5 % contre-7,5 % en 2000).

L'exploitation de ses ressources naturelles, notamment le pétrole, a contribué pour plus de la moitié du PIB en 2005 et 90 % des recettes d'exportation en 2004. Cette dominance des industries extractives cache l'importance relative des autres activités dans l'économie congolaise, surtout en termes d'emploi. Par exemple, l'exploitation des ressources forestières ne contribuait que 1 % au PIB, mais occupait 11 pour cent des salariés en 2003[6]. En raison des contraintes à l'offre (par exemple, le mauvais état des infrastructures de transports, la non disponibilité d'intrants tels que l'électricité, et le système financier tourné principalement vers les activités d'import-export), la contribution du secteur manufacturier à la formation du PIB reste faible.

Les services, notamment le commerce et les transports, comptaient pour environ 28 % du PIB du Congo en 2005. L'un des principaux avantages comparatifs du Congo est le Port Autonome de Pointe-Noire (PAPN). En effet, ce port en eau profonde, par où sont évacués les hydrocarbures; pourrait éventuellement permettre au pays de jouer un rôle important dans le commerce de transit de la sous région. Mais malheureusement, les infrastructures nécessaires à la pleine exploitation de cet atout, notamment le réseau routier et le chemin de fer, sont en mauvais état lorsqu'elles existent. La mise à niveau de ces infrastructures constitue un axe central de l'action de l'État, selon le Document intérimaire de stratégie de réduction de la pauvreté (DSRP-I).[7]

---

[6] OMC (2006)
[7] OMC, op cit P.2

En somme, nous remarquons que la formation du PIB congolais est due à contribution des trois secteurs de l'économie d'après la classification internationale type (CIT) des Nations Unies. La figure 2 ci-dessous illustre l'évolution de la contribution annuelle de chaque secteur d'activités à la formation du PIB.

Figure 2 : Répartition du PIB au prix du marché par secteur d'activité

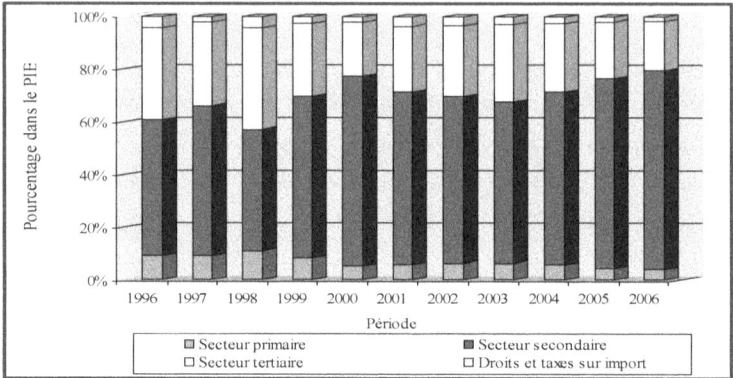

Source : Direction de la comptabilité nationale

Nous remarquons que la formation du PIB congolais est due essentiellement aux contributions relatives des secteurs secondaire et tertiaire. Il s'agit en effet du :

- ✓ **secteur primaire :** agriculture, élevage, chasse, pêche, sylviculture et exploitation forestière ;
- ✓ **secteur secondaire :** industries extractives, industries manufacturières, électricité et eau, bâtiments et travaux publics ;
- ✓ **secteur tertiaire :** commerce, restaurants et hôtels, transports et communications, services marchands non déclarés ailleurs et services non marchands.

À ces activités économiques on associe les recettes fiscales qui contribuent aussi à la formation du PIB.

3.2. Évolution de la masse monétaire

La masse monétaire M2 (monnaie scripturale, monnaie fiduciaire et quasi-monnaie) a connu une croissance plus forte au cours de ces dernières années par rapport à sa tendance au cours des années d'après les indépendances ; ce que confère la figure 3 ci-dessous.

Figure 3 : Évolution de la masse monétaire (M2) au cours de la période 1960-2006

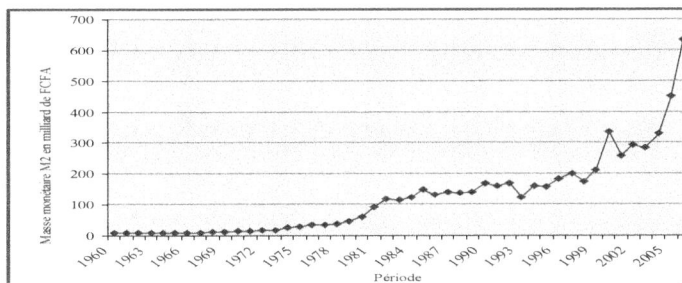

Source : WDI et BEAC nationale

L'évolution de 1979 à 1993 a été amorcée principalement par les flux des emprunts des capitaux étrangers mais aussi, par les assistances financières du FMI et de la BAD pour la réduction des déséquilibres économiques dont souffrait le pays. À partir de 1994, la croissance de la masse monétaire est accentuée grâce à la dévaluation qui a permis le rapatriement des capitaux et l'augmentation des avoirs extérieurs nets provenant de l'accroissement des exportations. Elle a cru de 58,5 % de décembre 1999 à décembre 2000. Elle est due essentiellement à la croissance de la monnaie fiduciaire tirée par la bonne orientation de la conjoncture économique générale. Mais, elle sera suivie d'une baisse relative de 22,8 % en décembre 2001 traduisant ainsi l'impact de la liquidation de l'UCB (Union Congolaise des Banque) qui a entraîné une forte contraction de l'encours des dépôts à vue (-48,8 %). Liquidation intervenue suite au processus de restructuration bancaire au Congo. En décembre 2005, la masse monétaire du Congo a augmenté de 24,7 % par rapport à décembre 2004. Elle est passée de 449 à 663 milliards de franc CFA en 2006, soit une hausse relative de 48,4 %. Cette hausse résulte de l'augmentation constatée au niveau de toutes ses composantes : monnaie fiduciaire (+36,5%), monnaie scripturale (+65,9 %) et quasi-monnaie (+33,6 %)[8].

---

[8] Banque de France

3.3. Évolution de l'IPC et de l'inflation

Le graphique 4 ci-dessous retrace l'évolution de l'indice général des prix à la consommation au Congo. Cet indice est, en fait une composite des indices des prix à la consommation des deux principales villes du pays : Brazzaville et Pointe Noire. En effet, cet indice a été obtenu en consolidant les indices des prix à la consommation en base 100 de janvier 1996 des ces deux métropoles. Il faut noter que ces derniers ont étés calculés suivant la formule de **Laspeyres,** autrement dit, ce sont des moyennes pondérées des indices des grands groupes de produits consommés par les ménages dans ces deux grandes villes.

Figure 4 : Évolution de l'indice des prix à la consommation au cours de la période 1977-2006

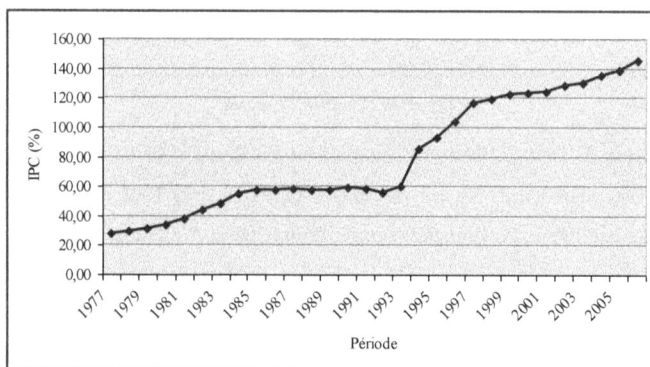

Source : CNSEE

En observant le graphique 4, on peut remarquer deux phases dans cette évolution : la première allant de 1985 à 1993 et la deuxième, de 1993 à 2006. La première phase est caractérisée par une évolution quasi constante tandis que la deuxième est marquée par une forte flambée des prix. Cette évolution, croissante jusqu'aujourd'hui, marque une nouvelle tournure de l'économie après la dévaluation du franc CFA de 1994. Il faut noter par ailleurs qu'il y a au total 232 produits appelés variétés et ventilés entre 7 fonctions et 31 groupes de consommation qui entrent dans le calcul de l'IPC. Le tableau 1 ci-après présente les différentes fonctions de consommation et les grands groupes de produits concernés. Cette présentation est celle du COICOP (The classification of individual consumption by purpose) adaptée à l'économie congolaise.

Tableau 1 : Fonctions et groupes de la nomenclature des produits

Fonctions	Groupes
Alimentation	Viandes, Poissons, Céréales, Féculents, Fruits, Légumes frais, Corps gras, Produits laitiers, Epiceries
Boissons et tabac	Boissons, tabacs et autres excitants
Dépenses de maison	Loyer, Entretien domestique, Construction, Energie domestique, Equipement ménager, meubles, Articles Ménagers, linge de maison
Habillement et chaussures	Tissus, Couture, Vêtements, Chaussures et réparation
Transport	Transport public, Achat véhicules, utilisation de véhicules
Hygiène et Santé	Médicaments, Consultations médicales, Hygiène
Divers	Scolarité, Hôtels et restaurants

Source : CNSEE

À l'aide de l'IPC général, nous avons calculé le taux d'inflation en glissement annuel et son évolution dans le temps est donnée par la figure 5 ci-après.

Figure 5 : Évolution de l'inflation du Congo au cours de la période de 1977-2006

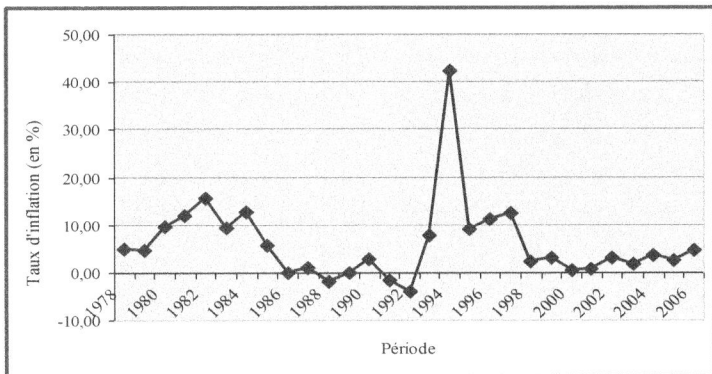

Source : CNSEE

De la figure 5, on constate une évolution très irrégulière de l'inflation marquée par un grand pic en 1994. De –3,72 % en 1992, le taux d'inflation au Congo est passé à 7,77 % en 1993 puis à 42,37 % en 1994. Ce dernier niveau reste le plus élevé de l'inflation dans l'économie congolaise et met en évidence l'effet de la dévaluation du franc CFA intervenue en janvier 1994. En effet, la dévaluation a multiplié par deux les prix des biens importés tout en réduisant le pouvoir d'achat des ménages. Le pays dépendant fortement de l'extérieur en matière de biens de consommation, on peut conclure que c'était une situation inévitable. Ce niveau d'inflation va chuter jusqu'à 9,04 % en 1995 puis remonter à 11,31 % en 1996 et il s'élève jusqu'à 12,65 % en 1997. Ce dernier a été tiré particulièrement par le niveau d'inflation élevé dans la ville de Brazzaville suite à la guerre civile de 1997. Depuis 1998, avec le retour au calme et à la relance économique, la tendance est plutôt en baisse. On a même enregistré des taux d'inflation les plus bas en 2000 (0,51 %) et 2001 (0,86 %). l'évolution de l'indice de prix a connu des fortes variations entre 2001 et 2004. d'après le ministère congolais de l'économie, les tensions inflationnistes observés en 2002 (2,98 %) sont imputables aux prix des produits alimentaires, du carburant et d'hygiène santé. Celles de 2004 (3,68 %) s'expliquent par les indices des groupes « Habillement », « Dépenses de maison», « Hygiène, santé» et « Transport ».La progression très sensible du niveau général des prix au cours de l'année 2006 est imputable principalement à la vigueur de la demande intérieure de céréales (particulièrement le riz et le maïs) et au renchérissement des matériaux de construction (notamment le ciment, dont le prix du sac de 20 kg est passé de 6 000 à 9 500 francs CFA) et de l'énergie.

En somme, il nous apparaît dans ce chapitre que l'économie congolaise, sortie des crises socio politiques qui l'ont secouée à plusieurs reprises entre 1997 et 2003, a commencé à renouer avec la croissance dans tous les sens. En général, d'après les différentes présentations faites dans ce chapitre, l'économie congolaise a crû de façon satisfaisante au cours de ces dernières années et la conjoncture économique paraît favorable du fait de l'augmentation du prix international du pétrole brut, principale source de recette de l'État. À cela s'ajoute la découverte de nouvelles réserves, qui laisse croire que la production du pétrole augmentera encore dans les années à venir. Cette croissance semble être accompagnée de la hausse des prix impliquant une tendance inflationniste.

CHAPITRE 3: DÉTERMINANTS DE L'INFLATION

Ce chapitre fait l'objet de la recherche des facteurs déterminants de l'inflation au Congo. Dans cette optique, nous élaborerons un modèle explicatif en nous basant sur un certain nombre de variables que nous jugeons, d'après les différentes théories avancées dans la partie précédente, susceptibles d'influencer le processus inflationniste dans l'économie congolaise. Plus précisément, nous retiendrons les variables suivantes :

- ✓ L'indice des prix à la consommation finale (IPC) ;
- ✓ La masse monétaire au sens large (M2) ;
- ✓ Le produit intérieur brut (PIB) ;
- ✓ L'indice du cours de Brent;
- ✓ Le taux de change du dollar par rapport au franc CFA (EX_RATE).

4.1. Spécification du modèle

En considérant le point de vue des monétaristes selon laquelle l'inflation tendancielle traduit l'évolution de la composante à long terme des prix, nous allons adopter un modèle basé sur la théorie quantitative de monnaie. D'après Fisher, l'inflation tendancielle s'explique par une croissance excessive de la quantité de monnaie hors banque ou de sa vitesse de circulation par rapport à celle du volume des transactions. L'équation du modèle de Fisher est le suivant :

$$MV = PQ \tag{1}$$

Avec :

M : la masse monétaire ;

V : la vitesse de circulation de la monnaie ;

P : le niveau général des prix ;

Q : le volume des transactions ou encore le PIB réel ;

En dérivant l'équation précédente, nous obtenons l'expression suivante :

$$\frac{\Delta P}{P} = \alpha_1 \frac{\Delta M}{M} + \alpha_2 \frac{\Delta V}{V} + \alpha_3 \frac{\Delta Q}{Q} \tag{2}$$

Dans le cadre de notre étude et au regard du contexte actuel de l'économie, nous spécifions le modèle précédent en y ajoutant quelques variables supplémentaires jugées susceptibles d'influencer le processus inflationniste au Congo. L'économie congolaise étant ouverte au reste du monde, nous supposons que l'environnement international peut avoir une influence considérable sur le niveau général des prix pratiqués sur le marché intérieur. Aussi, nous supposons que le cours du Brent (ou pétrole brut) sur le marché international peut exercer une influence sur le niveau des prix. Il est également nécessaire de tenir compte du temps d'ajustement entre les variables. On suppose que l'augmentation du prix de Brent sur le marché international n'influence que les prix de l'année suivante et non ceux de l'année courante. D'après Friedman, l'effet d'une croissance de la masse monétaire sur les prix n'est pas immédiat alors, il y a un décalage temporel entre les deux mouvements (hausse de la masse monétaire et celle des prix). Étant donné que le dollar, monnaie à taux flexible, est le numéraire sur le marché international, nous tenons compte du taux de change (EX-RATE) entre le dollar et le franc CFA dans notre modèle. De même, nous faisons l'hypothèse que la dévaluation du franc CFA de 1994 n'est pas sans influence sur l'évolution des prix au Congo. Par ailleurs, comme les monétaristes, nous supposons que la vitesse de circulation de la monnaie est constante, ce qui rend nulle sa dérivée et nous permet d'introduire une constante α_0 dans notre modèle. Pour ce qui concerne la chronique des prix passés, on pourra retenir, comme mémoire de l'inflation une année. For de ces considérations, nous pouvons réécrire le modèle sous la forme suivante :

$$\frac{\Delta P_t}{P} = \alpha_1 \frac{\Delta M2_t}{M2} + \alpha_2 \frac{\Delta BR_t}{BR} + \alpha_3 \frac{\Delta Q_t}{Q} + \alpha_4 \frac{\Delta P(-1)_t}{P(-1)} + \alpha_5 \frac{\Delta TE_t}{TE} + \alpha_6 Dev \quad (3)$$

En prenant le logarithme, l'équation (3) devient :

$$LogP_t = \alpha_0 + \alpha_1 LogM2_t + \alpha_2 LogBR_t + \alpha_3 LogQ_t + \alpha_4 LogP(-1)_t + \alpha_5 LogTE_t + \alpha_6 Dev + \varepsilon_t \quad (4)$$

Avec α_0, le terme constant et ε_t la variable résiduelle.

La principale question que nous cherchons à répondre à l'aide de ce modèle est la suivante : comment chacune de ces variables influence t-elle les fluctuations des prix ? Il s'agit, plus précisément, de déterminer le sens de l'influence et la significativité des différents α_i (avec i= 0, 1,....6).

4.2. Présentation des données

L'essentiel de nos données est tiré des statistiques de la Banque Mondiale (BM) et du Fonds Monétaire International (FMI). Les séries du PIB, de la masse monétaire (M2) sont tirées du WDI (World Development Indicators) 2005 de la Banque Mondiale sous support CD. Les données relatives au cours du Brent et au taux de change entre le franc CFA et le dollar sont issues de la banque de données du FMI.

✓ L'**IPC**, représenté par **P** dans le modèle, est l'indice général des prix à la consommation (base 100 en janvier 1996). La série sur cette variable couvre la période de 1977 à 2006. Il s'agit là de l'indice obtenu en agrégeant les indices de Brazzaville et de Pointe Noire. Cet indice est produit mensuellement par le CNSEE du Congo, mais nous avons dû recourir aux données du WDI pour avoir une série assez complète. Comme nous l'avons souligné dans la partie théorique, c'est un indice de type Laspeyres. Sa valeur annuelle est obtenue en faisant une moyenne arithmétique des indices mensuels.

✓ **M2** est la masse monétaire au sens large. Les statistiques relatives à l'évolution de la masse monétaire sont produites mensuellement par la BEAC. La série obtenue du WDI couvre la période allant de 1960 à 2004 mais seront complétées par celles disponibles au niveau de la BEAC nationale pour couvrir la période 1960-2006.

✓ **PIB** est le produit intérieur brut au prix courant. Ces données sont tirées du WDI et complétées par celles de la comptabilité nationale pour couvrir la période de 1960 à 2006. Il est symbolisé par **Q** dans notre modèle.

✓ L'**indice du Brent,** représenté par **BR** dans notre modèle, indique l'évolution du cours du Brent sur le marché international. Les informations sur cette variable sont issues de la banque de données du FMI et elles sont aussi disponibles sur le site http://www.bp.com/statisticalreview.

✓ Le **Taux de change** du dollar par rapport au FCFA, noté **TE** dans le modèle, est obtenu de la banque de données du FMI et couvre la période : 1960-2006.

✓ La variable **Dev** est une variable muette représentative de la dévaluation. Elle prend la valeur 0 pour la période 1960-1993 et la valeur 1 pour la période 1994-2006.

Nous admettons les hypothèses suivantes :

H1 : les variables explicatives sont observées sans erreur ;

H2 : l'espérance mathématique de l'erreur est nulle ;

H3 : la variance de l'erreur est constante (homoscédasticité) ;

H4 : les erreurs sont non autocorrélées ;

H5 : l'erreur est indépendante des variables explicatives ;

H6 : l'absence de colinéarité entre les variables explicatives ;

H7 : le nombre d'observations est supérieur au nombre des séries explicatives.

4.3. Estimation du modèle et validation

Les méthodes classiques d'estimation supposent que les séries utilisées sont stationnaires. Or, suite aux développements récents en séries temporelles, il est aujourd'hui usuel que les principaux agrégats macroéconomiques ne peuvent plus être représentés comme des séries stationnaires autour d'une tendance déterministe. Il est donc de plus en plus opportun de prendre en compte leur degré de stationnarité et d'étudier la permanence des chocs stochastiques. Avant toute estimation, nous devons d'abord étudier la stationnarité des séries.

4.3.1. Étude de la stationnarité des différentes variables

Nous exposons de façon explicite ce que nous avons fait sur la série LIPC. Les autres résultats seront alors présentés sous forme de tableau. Tout d'abord, l'analyse graphique des différentes variables laissent apparaître une tendance à la hausse, même si l'on peut noter des changements de régime en tendance (voir figure 6).

Figure 6 : Évolution des différentes séries

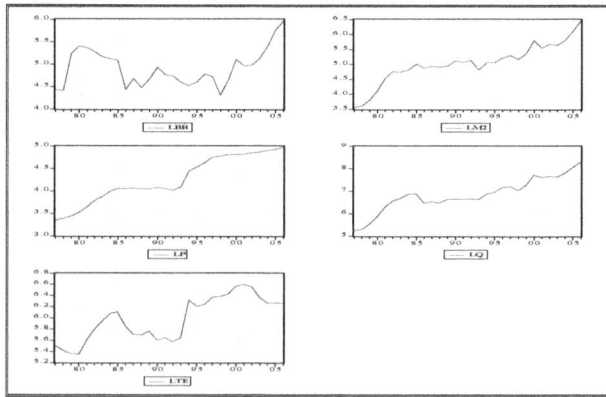

L'apparence de ces différentes courbes nous laisse penser que toutes les séries présentées ici ne sont pas stationnaires. Nous devons par conséquent procéder à un test de racine unitaire pour mieux appréhender leur comportement. À cet effet, nous allons adopter la méthode du test de Dickey-Fuller Augmenté (ADF) qui permet de prendre en compte l'autocorrélation possible de la série différenciée via une correction utilisant les valeurs retardées. Rappelons que l'hypothèse nulle de ce test est la non stationnarité de la série étudiée, c'est-à-dire l'existence d'au moins une racine unitaire. D'abord, nous le faisons à niveau puis en différence première pour rechercher l'ordre d'intégration de la série.

> **Le test d'ADF en niveau**

Figure 7 : Corrélogramme de la série LP

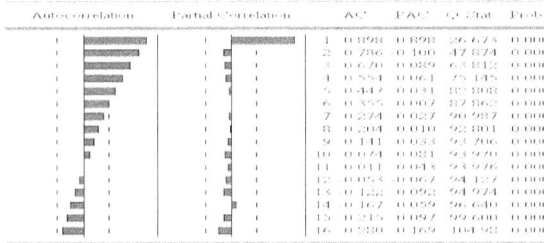

L'observation du corrélogramme ci-dessus nous révèle l'existence d'au moins une corrélation partielle. Dans ce cas, nous allons choisir le nombre de retard p = 1 pour notre test d'ADF (Augmented Dickey-Fuller). Le résultat du test d'ADF en niveau figure dans le tableau suivant :

Tableau 2 : Test d'ADF en niveau de la série LP

Les résultats nous révèlent que la tendance et la constante sont significativement différentes de zéro puisque leurs P-values sont respectivement 0,0288 et 0,0121 et inférieures au seuil de 5 %. Par contre, la statistique du test d'ADF vaut −2,57 supérieures à la valeur critique de −3,58 au seuil de 5 %. L'hypothèse nulle n'est donc pas rejetée : il existe une racine unitaire et, par conséquent, nous concluons que la série n'est pas stationnaire.

> **Le test d'ADF en différence première**

Nous avons d'abord le corrélogramme de la série D(LP).

Figure 8 : Corrélogramme de la série différenciée D(LP)

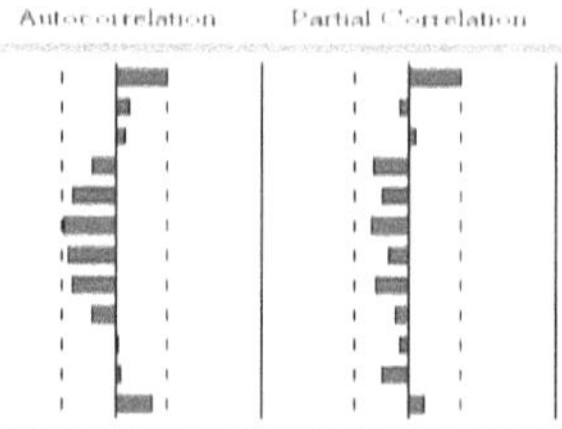

	AC	PAC	Q-Stat	Prob
1	0.372	0.372	4.4528	0.035
2	0.092	-0.054	4.7348	0.094
3	0.061	0.053	4.8643	0.182
4	-0.163	-0.233	5.8162	0.213
5	-0.290	-0.179	8.9714	0.110
6	-0.365	-0.251	14.192	0.028
7	-0.326	-0.138	18.540	0.010
8	-0.299	-0.220	22.377	0.004
9	-0.158	-0.083	23.504	0.005
10	0.026	-0.051	23.535	0.009
11	0.039	-0.166	23.609	0.014
12	0.269	0.119	27.436	0.007

Le test d'ADF en différence première avec un retard p = 1 et comportant la tendance et la constante fournit, au seuil de 5 %, une valeur critique de –3,57 inférieure à la statistique du test d'ADF, ce qui nous amène à la même conclusion que précédemment. En plus, les t-statistiques de la tendance et de la constante ne sont pas significativement différents de zéro (ils sont respectivement 0,72 et 1,7). De même, lorsque nous procédons au test en gardant tout simplement la constante et p = 1, la statistique du test d'ADF reste toujours supérieure à la valeur critique obtenue au seuil de 5 % (-2,89 > -2.98). Mais pour p = 0 et gardant uniquement la constante, les résultats sont les suivants :

Tableau 3 : Test d'ADF en différence première de la série LP

ADF Test Statistic	-3.446268	1% Critical Value*	-3.6852
		5% Critical Value	-2.9705
		10% Critical Value	-2.6242

*MacKinnon critical values for rejection of hypothesis of a unit root

Augmented Dickey-Fuller Test Equation
Dependent Variable: D(LP,2)
Method: Least Squares
Date: 05/25/07 Time: 22:01
Sample(adjusted): 1979 2006
Included observations: 28 after adjusting endpoints

Variable	Coefficient	Std. Error	t-Statistic	Prob.
D(LP(-1))	-0.627325	0.182030	-3.446268	0.0019
C	0.035474	0.016999	2.086809	0.0469

R-squared	0.313563	Mean dependent var	-0.000116
Adjusted R-squared	0.287162	S.D. dependent var	0.084626
S.E. of regression	0.071450	Akaike info criterion	-2.370891
Sum squared resid	0.132732	Schwarz criterion	-2.275733
Log likelihood	35.19247	F-statistic	11.87676
Durbin-Watson stat	1.960627	Prob(F-statistic)	0.001944

À ce niveau, les résultats du test témoignent que la série est stationnaire. L'hypothèse nulle de l'existence de racine unitaire est rejetée car on constate que :

- ✓ La statistique du test d'ADF (-3,45) est inférieure à la valeur critique (-2,97) au seuil de 5% ;
- ✓ Le P-value (0,001944) est significativement inférieure au seuil de 5 % ;

✓ Le Fisher calculé est 11,88 supérieur à la valeur lue sur la table au seuil de 5 % (4,17) ;

✓ Les t-statistiques de la constante et de la variable D(LP(-1)) sont supérieurs à la valeur critique de 2 au seuil de 5 % ;

✓ La statistique de Durbin- Watson est sensiblement égale à 2.

Nous pouvons donc conclure que la série LP est stationnaire en différence première puisqu'il faut la différencier une fois avant qu'elle ne le soit.

En soumettant toutes les autres séries à la même procédure, nous obtenons les résultats regroupés dans le tableau suivant :

Tableau 4 : Récapitulatif du tes d'ADF sur toutes les variables

Variables	T-statistique	Valeur critique au seuil de 5 %	Nombre de retard	Avec trend	Avec constante
TEST D'ADF EN NIVEAU					
LP	-2,57	-3,58	1	oui	Oui
LQ	-2,86	-3,58	1	oui	Oui
LM2	-2,51	-3,58	1	oui	Oui
LBR	-1,51	-3,58	1	oui	Oui
LTE	-2,28	-3,58	1	oui	Oui
TEST D'ADF EN DIFFERENCE PREMIERE					
D(LP)	-3,45	-2,97	0	non	Oui
D(LQ)	-3,23	-1,95	0	non	Non
D(LM2)	-5,1	-2,97	1	non	Oui
D(LBR)	-4,86	-1,95	0	non	Non
D(LTE)	-4,5	-1,95	0	non	Non

En conclusion, les valeurs de la statistique ADF obtenues pour les variables en niveau sont toutes supérieures à la valeur critique au seuil critique de 5%. On ne rejette donc pas l'hypothèse nulle de l'existence de racine unitaire pour toutes les variables. Elles ne sont pas stationnaires en niveau. En outre, les statistiques ADF calculées sur les variables prises en différence première sont toutes inférieures à la valeur critique au seuil de 5%. Nous pouvons donc conclure que les séries sont toutes intégrées d'ordre 1. Ainsi, la stationnarité est vérifiée à un ordre d'intégration égal à 1.

Toutefois, en procédant aux tests de causalité de Granger, on remarque que pour un retard d'une période au seuil de 5 %, seule l'hypothèse selon laquelle le LQ ne cause pas le LM2 est acceptée (voir annexe 8). Ce qui signifie qu'excepté ce cas, il existe des relations directes entre les différentes variables. D'après l'étude de stationnarité de nos séries, nous avons conclu que toutes les variables sont intégrées d'ordre 1, alors nous allons, dans les lignes qui suivent, procéder au test de cointégration. Cela dans le but de mettre en évidence le type de relation qui existe entre les variables.

4.3.2. Test de cointégration

La théorie de la cointégration permet d'étudier les séries non stationnaires dont une combinaison linéaire est stationnaire. Elle permet ainsi de spécifier des relations stables de long terme tout en analysant conjointement la dynamique de court terme des variables considérées. Nous adoptons l'approche de Johansen (1988)[9] fondée sur la méthode de maximum de vraisemblance. Rappelons qu'il existe 5 sous modèles de test de Johansen mais, nous devons choisir celui qui optimise le critère d'information d'Akaike pour r = 1 et k = 2.

Tableau 5 : Choix du modèle et du nombre de retard k

	Modèle 1	Modèle 2	Modèle 3	Modèle 4	Modèle 5
Akaike Information Criteria by Rank (rows) and Model (columns)					
0	-9.393873	-9.393873	-9.418428	-9.418428	-9.040730
1	-9.678844	-10.00338	-10.08046	-10.04066	-9.730480
2	-9.612765	-10.15739	-10.15203	-10.30339*	-10.04948
3	-9.264267	-10.00267	-10.02355	-10.17393	-9.989927
4	-8.874933	-9.581529	-9.611176	-9.825481	-9.700436
5	-8.192661	-8.995671	-9.096663	-9.337599	-9.283954
6	-7.344246	-8.241954	-8.241954	-8.734048	-8.734048

D'après les résultats de ce test, nous optons pour le quatrième sous modèle qui indique l'existence d'un trend quadratique dans chacune des composantes du système pris en niveau, puisque le système est écrit en différence première. Il est aussi le sous modèle qui optimise le critère d'information d'Akaike. Ainsi notre test de Johansen sera mené à partir du sous modèle 4 avec un retard k=2.

---

[9] Exposée dans l'article de Ambapour et Massamba (2005)

Tableau 6 : Résultats du test de cointégration sur les séries LP, LTE, LBR, LM2, LQ, DEV

Hypothesized		Trace	5 Percent	1 Percent
No. Of CE(s)	Eigenvalue	Statistic	Critical Value	Critical Value
None **	0.858010	143.4383	114.90	124.75
At most 1	0.716237	86.83031	87.31	96.58
At most 2	0.548023	50.30147	62.99	70.05
At most 3	0.430023	27.27185	42.44	48.45
At most 4	0.212283	10.96922	25.32	30.45
At most 5	0.130323	4.049362	12.25	16.26
*(**) denotes rejection of the hypothesis at the 5%(1%) level				
Trace test indicates 1 cointegrating equation(s) at both 5% and 1% levels				
Hypothesized		Max-Eigen	5 Percent	1 Percent
No. of CE(s)	Eigenvalue	Statistic	Critical Value	Critical Value
None **	0.858010	56.60798	43.97	49.51
At most 1	0.716237	36.52884	37.52	42.36
At most 2	0.548023	23.02962	31.46	36.65
At most 3	0.430023	16.30263	25.54	30.34
At most 4	0.212283	6.919859	18.96	23.65
At most 5	0.130323	4.049362	12.25	16.26
*(**) denotes rejection of the hypothesis at the 5%(1%) level				
Max-eigenvalue test indicates 1 cointegrating equation(s) at both 5% and 1% levels				

La lecture de ces résultats nous permet de constater que l'hypothèse nulle selon laquelle il n'existe aucune cointégration entre les variables est rejetée ; le t-statistique étant supérieur à la valeur critique au seuil de 5 % (143,44 > 114,90). Mais, nous acceptons celle de l'existence d'une relation de cointégration entre les variables. Les t-statistiques étant inférieurs aux valeurs critiques aux seuils de 5 %. Le test de la valeur propre maximale (max-eigenvalue) confirme l'existence d'une relation de cointégration entre les cinq séries.

L'estimation de la relation de cointégration résultant du test est la suivante :

Tableau 7 : Estimation de la relation de cointégration

LP	LQ	LTE	LM2	LBR	DEV	@TREND(78)
1.000000	-4.311628	2.691173	2.457453	0.944567	-1.518404	0.087344
	(0.41491)	(0.32579)	(0.28870)	(0.13525)	(0.18311)	(0.01514)

Cette relation peut être réécrite sous la forme suivante :

$$LP = -0,09TREND - 2,69LTE - 0,94LBR - 2,46LM2 + 4,31LQ + 1,52DEV \qquad (5)$$
$$\begin{array}{cccccc} (0,02) & (0,33) & (0,14) & (0,29) & (0,42) & (0,18) \\ [4,5] & [8,15] & [6,71] & [8,48] & [10,26] & [8,44] \end{array}$$

Les valeurs entre parenthèses indiquent les écart-types des variables et celles entre les crochets, les statistiques de Student au seuil de 5 % (qui sont toutes supérieures à 2).

Ainsi le test de Johansen confirme l'existence d'une cointégration entre les variables de notre modèle. Dans la relation de long terme obtenu, nous constatons que la chronique des prix est influencée positivement par l'évolution du PIB et la dévaluation. Elle possède également une tendance déterministe. Mais, contre toute attente, on remarque que cette chronique est corrélée négativement avec la masse monétaire, l'indice du Brent et le taux de change.

Cependant, d'après Lubrano[10], la relation obtenue par le processus de Johansen n'est pas structurellement assez robuste. Nous procéderons donc à une estimation par la méthode des moindres carrées ordinaires (MCO) pour apprécier cette relation.

4.3.3. Estimation de la relation de long terme par MCO

Tableau 8 : Résultat de l'estimation de la relation de long terme par MCO

LP est la variable dépendante

Variable	Coefficient	Std. Error	t-Statistic	Prob
C	1.370961	0.289169	4.741169	0.0001
LTE	-0.056761	0.062410	-0.909806	0.3728
LP(-1)	0.427536	0.056065	7.627093	0.0000
LM2	0.021078	0.073293	0.286632	0.7778
LBR	-0.135471	0.030060	-4.388799	0.0002
LQ	0.306531	0.096444	3.167969	0.0045
DEV	0.262690	0.032376	8.113753	0.0000

R-squared	0.997066	Mean dependent var	4.288897
Adjusted R-squared	0.996266	S.D. dependent var	0.498321
S.E. of regression	0.030449	Akaike info criterion	3.939010
Sum squared resid	0.020397	Schwarz criterion	3.608923
Log likelihood	64.11664	F-statistic	1246.227
Durbin-Watson stat	1.996818	Prob(F-statistic)	0.000000

La lecture des résultats montre que le modèle est globalement significatif. La P-value de la statistique de Fisher est quasi nulle, cette statistique étant d'une valeur de 1246,23 largement supérieure à la statistique de Fisher lue sur la table de la loi de Fisher-Snédécor (2,62 au seuil de 5 %). Tout cela signifie que l'hypothèse nulle selon laquelle toutes les élasticités sont nulles est rejetée. Les coefficients de détermination (R2 et R2 ajusté) témoignent le pouvoir explicatif du modèle. Ainsi 99% des fluctuations de long terme de l'indice des prix au Congo sont expliquées par cette relation de long terme. Toutefois, nous remarquons que les variations de la masse monétaire M2 et du taux de change entre le dollar et le franc CFA n'ont pas, à long terme, une influence significative sur la variation des prix à la consommation des ménages congolais. Cela nous conduit à réestimer cette relation, cette fois-ci sans les deux variables LM2 et LTE (car elles ne sont pas explicatives). Le résultat est le suivant :

---

[10] Cité Talom (2005)

Tableau 9 : Estimation du modèle de long terme retenu

Variable	Coefficient	Std. Error	t-Statistic	Prob.
C	1.108696	0.111862	9.684082	0.0000
LPCD	0.449900	0.049084	9.04068	0.0000
LDEV	0.110963	0.021120	5.470076	0.0000
LLQ	0.251120	0.025026	7.71402	0.0000
DEV	0.241124	0.022002	10.49814	0.0000

R-squared	0.909091	Mean dependent var	4.288892
Adjusted R-squared	0.896416	S.D. dependent var	0.498121
S.E. of regression	0.028823	Akaike info criterion	4.008820
Sum squared resid	0.021924	Schwarz criterion	3.795189
Log likelihood	64.44226	F-statistic	1942.290
Durbin-Watson stat	1.900032	Prob(F-statistic)	0.000000

La relation issue de cette estimation peut s'écrire de la manière suivante :

$$LP = 1,10 - 0,11LBR + 0,24DEV + 0,25LQ + 0,45LP(-1) \qquad (6)$$
$$\;\;\;\;(0,11)\;\;\;\;(0,02)\;\;\;\;\;\;(0,02)\;\;\;\;\;(0,03)\;\;\;\;\;\;\;\;(0,05)$$
$$\;\;\;\;[9,68]\;\;\;\;[5,48]\;\;\;\;\;\;[10,50]\;\;\;\;\;[7,71]\;\;\;\;\;\;\;\;[9,02]$$

La série des résidus issue de l'estimation ci-dessus est récupérée et nommée RESIDUS. L'analyse du corrélogramme (voir annexe 9) montre que les 16 premières autocorrélations partielles sont presque nulles. Le test ADF effectué sur cette série traduit le caractère stationnaire des résidus. Les résultats de ce test figurant dans le tableau 11 indiquent que la statistique ADF (-3,486) est inférieure à la valeur critique (-1,953) au seuil de 5%.

Tableau 10 : Résultats du test d'ADF sur les résidus

		t-Statistic	Prob.*
Augmented Dickey-Fuller test statistic		-3.486007	0.0011
Test critical values:	1% level	-2.647120	
	5% level	-1.952910	
	10% level	-1.610011	

En plus, le test de Jarque-Bera appliqué aux résidus (voir annexe 10) nous fournit les résultats suivants :

✓ Le coefficient de Skewness est : -0,19<1,96 alors, l'hypothèse nulle d'asymétrie des résidus est rejetée ;

✓ Le coefficient de Kurtosis est : 2,52 sensiblement égal à 3, la distribution est normale ;

✓ Le coefficient de Jarque-Bera est égal $0,45 < \chi^2_{0,95}(2) = 5,99$ et la P-value est égale à 0, 80 > 0,05 alors, l'hypothèse nulle de normalité des résidus est acceptée au seuil de 5 %.

Nous pouvons donc conclure que les résidus de l'estimation du modèle de long terme sont stationnaires. La normalité de leur distribution est confirmée par ces différents résultats. Cela nous permet de procéder à l'estimation du modèle à court terme.

4.3.4. Estimation à court terme

Après avoir confirmée l'existence d'une relation de long terme entre les variables, nous voudrions, dans ce paragraphe, mettre en évidence l'évolution à court et moyen terme de cette relation. A cet effet, nous allons adopter le modèle à correction d'erreur (ECM) utilisé en premier par Sargan (1984) et rendu populaire par Engle et Granger (1987)[11]. Ce type de modèle permet de mettre en évidence comment la dynamique de court terme des variables du système est influencée par la déviation de l'équilibre de long terme. Il est basé sur une représentation autorégressive en différence première pour que tous les éléments soient stationnaires (Ceci est vrai si toutes les variables sont stationnaires en différence première). Le modèle se présente sous la forme suivante :

$$DLP_t = \alpha_0 + \alpha_1 DLQ_t + \alpha_2 DLBR_t + \alpha_3 DLTE + \alpha_4 DLM2_t + \alpha_5 DLP(-1) + \alpha_6 DEV + \varepsilon_t \qquad (7)$$

Les résultats de l'estimation du modèle vectoriel à correction d'erreur sont les suivants :

Tableau 11 : Modèle vectoriel à correction d'erreur

Variable dépendante DLP			
Correction d'erreur	Coefficient	Ecart-type	Statistique de Student
CointEq1	-0.076587	(0.07292)	[-1.05027]
D(LP(-1))	0.645465	(0.33494)	[1.92711]
D(LQ(-1))	0.729127	(0.21757)	[3.35118]
D(LTE(-1))	-0.424564	(0.17662)	[-2.40388]
D(LM2(-1))	-0.571268	(0.15780)	[-3.62021]
D(LBR(-1))	-0.187633	(0.10114)	[-1.85524]
C	0.021804	(0.02228)	[0.97850]
R-carré	0.623626		
R-carré ajusté	0.347618		
Critère d'information d'Akaike	-4.615392		
Critère de Schwarz	-1.447791		

De ces résultats, nous retenons le modèle suivant en fonction des statistiques de Student calculées (le coefficient est significativement différent de 0 lorsque la statistique de Student est, en valeur absolue, supérieure à 2) :

$$DLP = 0,43D(LTE(-1)) + 0,57D(LM2(-1)) - 0,73D(LQ(-1)) \qquad (8)$$
$$\begin{array}{ccc} (0,18) & (0,16) & (0,22 \\ [2,40] & [3,62] & [3,35] \end{array}$$

---

[11] Beguy (2005)

Il se trouve dans ce modèle que la chronique des prix est influencée à court terme par les chroniques du passé du taux de change, de la masse monétaire et du revenu national. Nous devons cependant procéder aux différents tests sur les résidus pour apprécier l'adéquation et la qualité du modèle à correction d'erreur en vue de le valider.

> Test de normalité des résidus

Figure 9 : Résultat du test de normalité des résidus de la relation de court terme

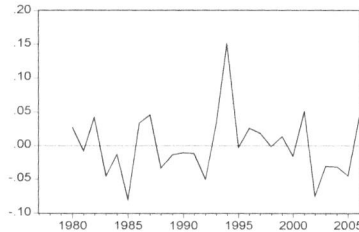

L'allure de la courbe des résidus issus de cette relation est normale. En plus, la statistique de Skewness est 0,91<1,96 : la distribution est symétrique et, la P-value de Jarque-Bera est 0, 99 > 0,05 alors, l'hypothèse nulle de normalité des résidus est acceptée au seuil de 5 %.

> Test d'autocorrélation des résidus

Tableau 12 : Résultats du test Breusch Godfrey

Breusch-Godfrey Serial Correlation LM Test:			
F-statistic	0.154756	Probability	0.697504
Obs*R-squared	0.179392	Probability	0.671897

Nous remarquons que la statistique du test est $0{,}179 < \chi^2_{0.95}(2) = 5{,}99$ alors on accepte l'hypothèse nulle de non corrélation des résidus à l'ordre 1. En plus la P-value de la statistique de Fisher est 0,69>0,05 confirmant l'absence d'autocorrélation des résidus (voir annexe 11).

> Test d'hétéroscédasticité

Tableau 13 : Résultats du test d'hétéroscédasticité de White

White Heteroskedasticity Test:			
F-statistic	2.584465	Probability	0.055171
Obs*R-squared	10.36085	Probability	0.065633

D'après les résultats du test d'hétéroscédasticité de White, l'hypothèse nulle d'hétéroscédasticité est rejetée car la statistique calculée est supérieure à la valeur du $\chi^2_{0,95}(2)$ lue au seuil de 5 % et puis P-value est égale à 0,055.

4.4. Simulation et validation du modèle

L'objet de ce paragraphe est la vérification de la cohérence de notre modèle à l'aide de la méthode de simulation statique qui prend les valeurs des variables observées indépendamment de l'horizon d'une période.

Figure 10 : Évolution de la série LP simulée et quelques statistiques de validation du modèle

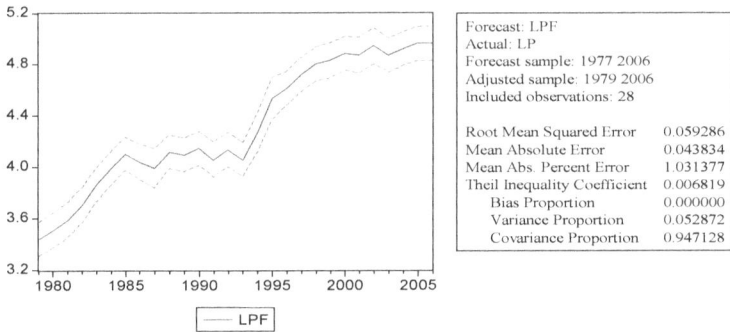

Les remarques faites à partir de ces résultats sont les suivantes :

✓ La racine carrée de l'erreur quadratique moyenne (Root Mean Squared Error) est assez faible (0,06), les capacités de prévision du modèle sont donc meilleures ;

✓ Le pourcentage de l'erreur absolue moyenne est assez faible (1,03 %) ; insignifiant par rapport à 5 % ;

✓ Le coefficient d'inégalité de Theil est presque nulle (0,0068), indiquant un ajustement presque parfait ;

✓ Le Bias proportion se situe à 0 signifiant que l'écart entre la moyenne de la série simulée et celle de la série réelle est nul ;

✓ La « variance proportion » nous indique l'écart entre la variation de la série réelle et celle de la série simulée ;

✓ La proportion de covariance mesure les erreurs non systématiques restantes des simulations.

Ces résultats sont confirmés par l'allure des courbes (courbe de la série simulée notée LPP et celle de la série réelle) illustrée par la figure 11. Les deux courbes paraissent presque identiques.

Figure 11 : Évolution des logarithmes des prix observés et simulés

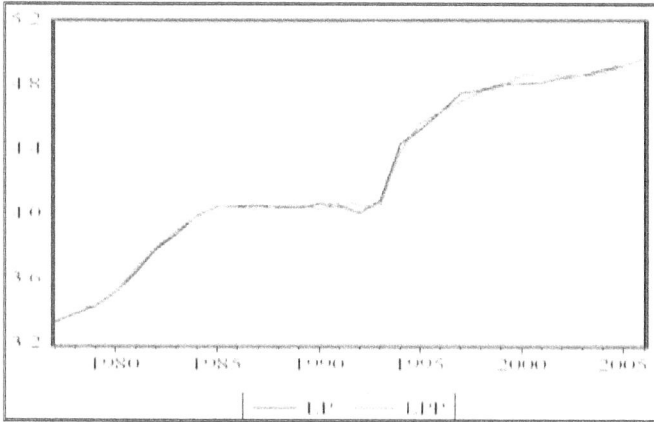

For des différents résultats obtenus, nous affirmons que notre modèle est acceptable du point de vue statistique.

4.5. Analyse des résultats et limites de l'étude

D'abord au niveau de la relation de court terme (équation 8), les résultats de l'estimation par le modèle à correction d'erreur nous ont révélé que la chronique des prix est corrélée positivement avec l'évolution des chroniques retardées de la masse monétaire et du taux de change du dollar américain contre le franc CFA. Elle est par contre corrélée négativement avec la série retardée du revenu national. Cela confirme en quelque sorte le point de vue des monétaristes excepté Milton Friedman pour qui une telle influence ne peut-être observée qu'à long terme. L'inflation de court terme observée à une période t est donc le fait des évolutions de la masse monétaire, du taux de change et du PIB de la période t-1. Il faut noter cependant que l'élasticité négative entre la série des prix et le PIB est plutôt surprenante car, contraire aux théories économiques (l'inflation de croissance de Keynes par exemple).

Quant à la relation d'équilibre de long terme retenu (équation 6), l'élasticité négative entre le niveau général des prix et le cours de Brent nous paraît plutôt paradoxale par rapport au contexte de l'économie congolaise dont il est question (l'exportation du pétrole brut étant la source principale des recettes budgétaires). Mais cette situation corrobore l'article paru dans la revue « perspectives économiques » de l'OCDE[12] de 2004. En effet, d'après cet article, les fluctuations des cours pétroliers engendrent de l'incertitude qui conduit à une diminution de l'activité d'investissement tendancielle de l'économie. Dans ce contexte, l'incidence des prix du pétrole sur les anticipations de hausse des prix à la consommation semble être amenuisée à long terme. Cela peut justifier, dans une certaine mesure, cette évolution en sens inverse.

D'après notre estimation, il est apparu que l'évolution des prix peut s'expliquer par la croissance du PIB nominal du pays. La tendance inflationniste actuelle peut confirmer la théorie de Keynes qui considère que l'inflation est un résultat plus moins inéluctable de la croissance économique et des hausses des salaires qu'elle engendre. En effet, le retour de la stabilité économique au Congo a entraîné avec elle une tendance croissante de l'économie. Cette évolution favorable s'explique par une forte appréciation des termes de l'échange en relation avec la hausse des cours du pétrole et du bois. En terme réel, la croissance économique a été de 6,4 % en 2006 contre 7,7 % en 2005. Le PIB non pétrolier a continué à croître à un taux régulièrement stable, atteignant 6,3 % en 2006, en hausse par rapport au taux de 5,3 % observés en 2005, et ceci grâce, principalement, à l'accélération de l'investissement dans le secteur privé et les travaux de construction des infrastructures publiques[13].

D'après le modèle, l'influence de la dévaluation de 1994 est prouvée. Pays fortement dépendant de l'extérieur en matière de biens de consommation, la dévaluation du franc CFA de 1994 a favorisé significativement la hausse des prix pratiqués sur le marché intérieur. L'effet immédiat de cette mesure s'est traduit par une élévation du taux d'inflation qui s'est situé à environ 42 % au cours de la même année.

Aussi, il s'est avéré que l'inflation au Congo est entretenue dans une certaine mesure par la tendance du passé (le niveau des prix à une période t-1). En effet, la fixation des prix sur le marché est déterminée par l'évolution passée des prix dans l'économie. Ce qui traduit donc une mémoire de l'inflation dans l'économie congolaise.

Les limites de notre étude pourraient d'abord se situer au niveau du choix des variables explicatives prise en compte dans notre modèle. On estime que la prise en compte de certaines variables telles que le niveau du chômage, le niveau de taxes et surtout le niveau de salaire aurait pu nous donner une explication assez pertinente du processus inflationniste au Congo. Avec les

---

[12] Perspectives économiques de l'OCDE, n°76 de 2004, P. 22 (258)
[13] Banque Mondiale

informations relatives au niveau du chômage, on aurait pu tester la relation de Phillips dans le cadre de l'économie congolaise. Ensuite, une autre faiblesse à relever dans la formulation de notre modèle est l'omission de l'influence que peut avoir la qualité des infrastructures économiques sur le niveau général des prix. En effet, d'après la Banque Mondiale, l'accélération de l'inflation au Congo est due à deux facteurs principaux :

✓ les frais de transport plus élevés, résultant d'une combinaison de la baisse de capacité des transports ainsi que des ruptures fréquentes du trafic sur le chemin de fer entre le port de Pointe-Noire et Brazzaville ;
✓ une forte pression sur la demande de quelques produits essentiels à Brazzaville et dans la partie nord du Congo tels que l'essence, le ciment et les produits alimentaires comme la farine de blé et le sucre (en partie due aux besoins liés à la réalisation des grands travaux d'infrastructure, et qui ne peuvent être couverts par la production locale qui est d'une capacité limitée).

À cette liste, il faut ajouter la non prise en compte des statistiques relatives au commerce extérieur du Congo. En particulier, les indices des prix à l'exportation et à l'importation des biens de consommation auraient pu donner une certaine robustesse à notre modèle. Mais, il faudrait cependant noter que ces insuffisances relevées sont dues à une insuffisance des statistiques relatives à ces différentes variables.

En conclusion, nous devrions souligner que notre étude ne prétend, en aucun cas, remettre en cause les fondements théoriques de la macroéconomie, plus particulièrement les diverses théories traitant la question de l'inflation. Mais, elle se veut tout simplement une contribution à l'avancement de la recherche des déterminants de l'inflation dans le contexte des économies africaines.

CONCLUSION

L'objectif de notre étude était d'expliquer ou du moins d'identifier les facteurs de la tendance inflationniste observée dans l'économie congolaise. La relation économétrique utilisée à cette fin nous a fourni des résultats assez satisfaisants pour élucider ce phénomène.

Empiriquement, nous avons pu identifier les causes influentes de la tendance inflationniste observée à court terme dans l'économie congolaise. En effet, l'estimation par le modèle à correction d'erreur nous a permis de savoir que la tendance à court terme de l'inflation est expliquée par la croissance de la masse monétaire et le cours du dollar américain sur le marché de change. Ces deux grandeurs affichent une tendance croissante au cours de la période considérée (1977-2006). Il faut souligner cependant que les canaux de transmission restent difficiles à identifier car, lorsque l'on regarde l'évolution des contreparties de la masse monétaire par exemple, elles ont plutôt une tendance quasi constante. En particulier le crédit à l'économie au Congo n'évolue pas au même rythme que la masse monétaire (voir l'annexe 3). Cette situation nous amène à nous interroger sur l'existence des canaux non officiels de transmission des effets de l'évolution de la masse monétaire sur les fluctuations des prix. Aussi, ce modèle a mis en exergue une influence de type « décélérationniste » du PIB sur la chronique des prix. Ce cas de figure reste à être élucidé. On pourrait penser à une forte croissance de l'offre des produits de consommation au cours de la période considérée. Mais, l'indisponibilité des données relatives à l'évolution de l'offre des biens de consommation susceptibles de confirmer cette supposition constitue une limite de ce modèle.

Par contre, à long terme, le processus inflationniste est expliqué par les effets de la dévaluation de 1994 qui ont multiplié, par deux, les prix des biens de consommations importés. Il est aussi expliqué par la tendance croissante de l'économie congolaise observée à travers l'évolution de son PIB. D'après l'estimation du modèle, l'inflation au Congo est entretenue par la série retardée des prix pratiqués sur le marché intérieur. En d'autres termes, on peut dire qu'il existe une mémoire de l'inflation dans l'économie congolaise. Par ailleurs, le modèle met en évidence une corrélation négative, à long terme, entre le cours du Brent sur le marché international et l'évolution des prix à la consommation des ménages congolais. Cela vient réfuter la supposition faite au niveau de la spécification de notre modèle. Supposition selon laquelle la croissance du prix de baril de pétrole serait une des causes directes de l'inflation au Congo. Nous pouvons donc conclure qu'à long terme, l'inflation observée au Congo n'est pas de type monétaire.

Notre étude nous a permis de mettre en exergue les facteurs explicatifs du processus inflationniste au Congo. Cependant, nous nous réservons de donner raison à tel ou tel économiste pour affirmer que l'inflation au Congo est de tel ou tel type. Une étude ultérieure pourrait mieux expliquer cette hausse des prix, en considérant les séries des prix des grands groupes de produits entrant dans le panier de la ménagère, ou en prenant en compte les variables relatives aux structures économiques.

BIBLIOGRAPHIE

Ouvrages

BOURBONNAIS, R. (2003)- *Econométrie, 5ème édition*- Dunod, Paris, 330p

GOUX, J. F. (1998)- I*nflation, désinflation, déflation* –Dunod, Paris, 126p.

MANKIW, G. N. (2000)- *Macroéconomie, 2ème édition*- De Boeck Université, Paris, 650p

GUERRIEN, B. (2002)- *Dictionnaire d'analyse économique : microéconomie, macroéconomie, théorie des jeux etc. 3ème édition*- La Découverte, Paris, 568p

ROMER, D. (1997)- *Macroéconomie approfondie*- Mc GRAW-HILL/Ediscience, Paris, 603p

Mémoires, articles et revues économiques

AMBAPOUR, S. et MASSAMBA, C. (2005)- Croissance économique et consommation d'énergie au Congo : une analyse en terme de causalité, BAMSI

BEGUY, O. (2005)- *Déterminants de l'inflation au Tchad*- Mémoire de fin de formation, ISSEA

OCDE (2004),- Perspectives économiques, n°76, P. 22 (258)

OMC (2006),- Examen des politiques commerciales, rapport du secrétariat sur la République du Congo.

Ministère de l'Économie, des Finances et du Budget (2001)- *Économie congolaise : potentialités et atouts.*

TALOM, K. A. M. (2005)- *Inflation au Cameroun : modèle explicatif et prévision de l'indice des prix à la consommation*- Mémoire de fin de formation, ENSEA

Les sites web visités

La situation monétaire des pays de la CEMAC peut être consultée sur http://www.izf.com http://www.europa.eu.int. Les quatre critères de convergence sont exposés dans l'Article 121 paragraphe 1 du traité sur la Communauté Européenne

http://www.bp.com/statisticalreview. Pour le cours du Brent,

http://www.afristat.org pour la méthodologie d'élaboration des indices des prix à la consommation

Site du Ministère de l'Économie, des Finances et de l'Industrie, DGEMP de la France,

http://www.cnsee.org pour la chronique des prix

http://web.worldbank.org, rapport économique trimestriel de la République du Congo

http://web.banque-france.fr pour la situation monétaire dans la zone franc.

http://www.mefb-cg.org pour la plupart des informations relatives à l'économie congolaise.
http://www.wikipédia.com pour les définitions et certaines théories

www.ingramcontent.com/pod-product-compliance
Lightning Source LLC
Chambersburg PA
CBHW021610210326
41599CB00010B/687